TRANZLATY

Language is for everyone

A linguagem é para todos

Beauty and the Beast

A Bela e a Fera

Gabrielle-Suzanne Barbot de Villeneuve

English / Português Brasileiro

Copyright © 2025 Tranzlaty
All rights reserved
Published by Tranzlaty
ISBN: 978-1-83566-986-0
Original text by Gabrielle-Suzanne Barbot de Villeneuve
La Belle et la Bête
First published in French in 1740
Taken from The Blue Fairy Book (Andrew Lang)
Illustration by Walter Crane
www.tranzlaty.com

There was once a rich merchant
Era uma vez um rico comerciante
this rich merchant had six children
Este rico comerciante teve seis filhos
he had three sons and three daughters
ele teve três filhos e três filhas
he spared no cost for their education
ele não poupou nenhum custo para sua educação
because he was a man of sense
porque ele era um homem de bom senso
but he gave his children many servants
mas ele deu a seus filhos muitos servos
his daughters were extremely pretty
suas filhas eram extremamente bonitas
and his youngest daughter was especially pretty
e sua filha mais nova era especialmente bonita
as a child her Beauty was already admired
quando criança, sua beleza já era admirada
and the people called her by her Beauty
e as pessoas a chamavam por sua beleza
her Beauty did not fade as she got older
sua beleza não desapareceu à medida que envelhecia
so the people kept calling her by her Beauty
então as pessoas continuaram chamando-a por sua beleza
this made her sisters very jealous
Isso deixou suas irmãs com muito ciúmes
the two eldest daughters had a great deal of pride
As duas filhas mais velhas tinham muito orgulho
their wealth was the source of their pride
sua riqueza era a fonte de seu orgulho
and they didn't hide their pride either
e eles também não esconderam seu orgulho
they did not visit other merchants' daughters
eles não visitaram as filhas de outros comerciantes
because they only meet with aristocracy
porque eles só se encontram com a aristocracia

they went out every day to parties
Eles saíam todos os dias para festas
balls, plays, concerts, and so forth
bailes, peças de teatro, concertos e assim por diante
and they laughed at their youngest sister
e eles riram de sua irmã mais nova
because she spent most of her time reading
porque ela passava a maior parte do tempo lendo
it was well known that they were wealthy
era bem sabido que eles eram ricos
so several eminent merchants asked for their hand
então vários comerciantes eminentes pediram sua mão
but they said they were not going to marry
mas eles disseram que não iriam se casar
but they were prepared to make some exceptions
mas eles estavam preparados para fazer algumas exceções
"perhaps I could marry a Duke"
"talvez eu pudesse me casar com um duque"
"I guess I could marry an Earl"
"Acho que poderia me casar com um conde"
Beauty very civilly thanked those that proposed to her
Bela agradeceu muito civilmente àqueles que a pediram em casamento
she told them she was still too young to marry
Ela disse a eles que ainda era muito jovem para se casar
she wanted to stay a few more years with her father
ela queria ficar mais alguns anos com o pai
All at once the merchant lost his fortune
De repente, o comerciante perdeu sua fortuna
he lost everything apart from a small country house
ele perdeu tudo, exceto uma pequena casa de campo
and he told his children with tears in his eyes:
e ele disse a seus filhos com lágrimas nos olhos:
"we must go to the countryside"
"Devemos ir para o campo"
"and we must work for our living"

"e devemos trabalhar para viver"
the two eldest daughters didn't want to leave the town
As duas filhas mais velhas não queriam deixar a cidade
they had several lovers in the city
eles tinham vários amantes na cidade
and they were sure one of their lovers would marry them
e eles tinham certeza de que um de seus amantes se casaria com eles
they thought their lovers would marry them even with no fortune
eles pensaram que seus amantes se casariam com eles, mesmo sem fortuna
but the good ladies were mistaken
mas as boas senhoras estavam enganadas
their lovers abandoned them very quickly
seus amantes os abandonaram muito rapidamente
because they had no fortunes any more
porque eles não tinham mais fortuna
this showed they were not actually well liked
Isso mostrou que eles não eram realmente queridos
everybody said they do not deserve to be pitied
Todo mundo disse que não merece pena
"we are glad to see their pride humbled"
"Estamos felizes em ver seu orgulho humilhado"
"let them be proud of milking cows"
"Que eles se orgulhem de ordenhar vacas"
but they were concerned for Beauty
mas eles estavam preocupados com a beleza
she was such a sweet creature
ela era uma criatura tão doce
she spoke so kindly to poor people
ela falava tão gentilmente com as pessoas pobres
and she was of such an innocent nature
e ela era de natureza tão inocente
Several gentlemen would have married her
Vários cavalheiros teriam se casado com ela

they would have married her even though she was poor
eles teriam se casado com ela mesmo que ela fosse pobre
but she told them she couldn't marry them
mas ela disse a eles que não poderia se casar com eles
because she would not leave her father
porque ela não deixaria seu pai
she was determined to go with him to the countryside
ela estava determinada a ir com ele para o campo
so that she could comfort and help him
para que ela pudesse confortá-lo e ajudá-lo
Poor Beauty was very grieved at first
A pobre beleza ficou muito triste no início
she was grieved by the loss of her fortune
ela estava triste com a perda de sua fortuna
"but crying won't change my fortunes"
"Mas chorar não vai mudar minha sorte"
"I must try to make myself happy without wealth"
"Devo tentar me fazer feliz sem riqueza"
they came to their country house
eles vieram para sua casa de campo
and the merchant and his three sons applied themselves to husbandry
e o comerciante e seus três filhos se dedicaram à agricultura
Beauty rose at four in the morning
A beleza levantou-se às quatro da manhã
and she hurried to clean the house
e ela se apressou em limpar a casa
and she made sure dinner was ready
e ela se certificou de que o jantar estava pronto
in the beginning she found her new life very difficult
No começo, ela achou sua nova vida muito difícil
because she had not been used to such work
porque ela não estava acostumada a esse trabalho
but in less than two months she grew stronger
mas em menos de dois meses ela ficou mais forte
and she was healthier than ever before

e ela estava mais saudável do que nunca
after she had done her work she read
depois de ter feito seu trabalho, ela leu
she played on the harpsichord
ela tocava cravo
or she sung whilst she spun silk
ou ela cantava enquanto fiava seda
on the contrary, her two sisters did not know how to spend their time
pelo contrário, suas duas irmãs não sabiam como gastar o tempo
they got up at ten and did nothing but laze about all day
Eles se levantaram às dez e não fizeram nada além de descansar o dia todo
they lamented the loss of their fine clothes
eles lamentaram a perda de suas roupas finas
and they complained about losing their acquaintances
e eles reclamaram de perder seus conhecidos
"Have a look at our youngest sister," they said to each other
"Dê uma olhada em nossa irmã mais nova", disseram um ao outro
"what a poor and stupid creature she is"
"Que criatura pobre e estúpida ela é"
"it is mean to be content with so little"
"É mau contentar-se com tão pouco"
the kind merchant was of quite a different opinion
o gentil comerciante tinha uma opinião bem diferente
he knew very well that Beauty outshone her sisters
ele sabia muito bem que a Bela ofuscava suas irmãs
she outshone them in character as well as mind
ela os ofuscou em caráter e mente
he admired her humility and her hard work
ele admirava sua humildade e seu trabalho árduo
but most of all he admired her patience
mas acima de tudo ele admirava sua paciência
her sisters left her all the work to do

suas irmãs deixaram para ela todo o trabalho a fazer
and they insulted her every moment
e eles a insultaram a cada momento
The family had lived like this for about a year
A família vivia assim há cerca de um ano
then the merchant got a letter from an accountant
então o comerciante recebeu uma carta de um contador
he had an investment in a ship
ele tinha um investimento em um navio
and the ship had safely arrived
e o navio havia chegado em segurança
this news turned the heads of the two eldest daughters
Esta notícia virou a cabeça das duas filhas mais velhas
they immediately had hopes of returning to town
eles imediatamente tiveram esperanças de voltar para a cidade
because they were quite weary of country life
porque estavam bastante cansados da vida no campo
they went to their father as he was leaving
eles foram para o pai quando ele estava saindo
they begged him to buy them new clothes
eles imploraram para que ele comprasse roupas novas para eles
dresses, ribbons, and all sorts of little things
vestidos, fitas e todos os tipos de pequenas coisas
but Beauty asked for nothing
mas a Bela não pediu nada
because she thought the money wasn't going to be enough
porque ela pensou que o dinheiro não seria suficiente
there wouldn't be enough to buy everything her sisters wanted
não haveria o suficiente para comprar tudo o que suas irmãs queriam
"What would you like, Beauty?" asked her father
"O que você gostaria, Bela?" perguntou o pai
"thank you, father, for the goodness to think of me," she said
"Obrigada, pai, pela bondade de pensar em mim", disse ela

"father, be so kind as to bring me a rose"
"Pai, tenha a gentileza de me trazer uma rosa"
"because no roses grow here in the garden"
"Porque não crescem rosas aqui no jardim"
"and roses are a kind of rarity"
"E as rosas são uma espécie de raridade"
Beauty didn't really care for roses
A beleza realmente não se importava com rosas
she only asked for something not to condemn her sisters
ela só pediu algo para não condenar suas irmãs
but her sisters thought she asked for roses for other reasons
mas suas irmãs pensaram que ela pediu rosas por outros motivos
"she did it just to look particular"
"Ela fez isso apenas para parecer particular"
The kind man went on his journey
O homem gentil seguiu sua jornada
but when he arrived they argued about the merchandise
mas quando ele chegou, eles discutiram sobre a mercadoria
and after a lot of trouble he came back as poor as before
e depois de muitos problemas, ele voltou tão pobre quanto antes
he was within a couple of hours of his own house
ele estava a algumas horas de sua própria casa
and he already imagined the joy of seeing his children
e ele já imaginava a alegria de ver seus filhos
but when going through forest he got lost
mas ao passar pela floresta ele se perdeu
it rained and snowed terribly
choveu e nevou terrivelmente
the wind was so strong it threw him off his horse
o vento estava tão forte que o jogou do cavalo
and night was coming quickly
e a noite estava chegando rapidamente
he began to think that he might starve
ele começou a pensar que poderia morrer de fome

and he thought that he might freeze to death
e ele pensou que poderia congelar até a morte
and he thought wolves may eat him
e ele pensou que os lobos poderiam comê-lo
the wolves that he heard howling all round him
os lobos que ele ouviu uivando ao seu redor
but all of a sudden he saw a light
mas de repente ele viu uma luz
he saw the light at a distance through the trees
ele viu a luz à distância através das árvores
when he got closer he saw the light was a palace
Quando ele se aproximou, viu que a luz era um palácio
the palace was illuminated from top to bottom
O palácio estava iluminado de cima a baixo
the merchant thanked God for his luck
o comerciante agradeceu a Deus por sua sorte
and he hurried to the palace
e ele correu para o palácio
but he was surprised to see no people in the palace
mas ele ficou surpreso ao não ver pessoas no palácio
the court yard was completely empty
O pátio estava completamente vazio
and there was no sign of life anywhere
e não havia sinal de vida em lugar nenhum
his horse followed him into the palace
seu cavalo o seguiu até o palácio
and then his horse found large stable
e então seu cavalo encontrou um grande estábulo
the poor animal was almost famished
o pobre animal estava quase faminto
so his horse went in to find hay and oats
então seu cavalo entrou para encontrar feno e aveia
fortunately he found plenty to eat
Felizmente, ele encontrou muito o que comer
and the merchant tied his horse up to the manger
e o comerciante amarrou seu cavalo à manjedoura

walking towards the house he saw no one
Caminhando em direção à casa, ele não viu ninguém
but in a large hall he found a good fire
mas em um grande salão ele encontrou uma boa fogueira
and he found a table set for one
e ele encontrou uma mesa posta para um
he was wet from the rain and snow
ele estava molhado da chuva e da neve
so he went near the fire to dry himself
então ele se aproximou do fogo para se secar
"I hope the master of the house will excuse me"
"Espero que o dono da casa me desculpe"
"I suppose it won't take long for someone to appear"
"Suponho que não vai demorar muito para alguém aparecer"
He waited a considerable time
Ele esperou um tempo considerável
he waited until it struck eleven, and still nobody came
ele esperou até que batesse onze, e ainda assim ninguém veio
at last he was so hungry that he could wait no longer
Por fim, ele estava com tanta fome que não podia esperar mais
he took some chicken and ate it in two mouthfuls
Ele pegou um pouco de frango e comeu em dois bocados
he was trembling while eating the food
ele estava tremendo enquanto comia a comida
after this he drank a few glasses of wine
depois disso, ele bebeu algumas taças de vinho
growing more courageous he went out of the hall
ficando mais corajoso, ele saiu do salão
and he crossed through several grand halls
e ele atravessou vários grandes salões
he walked through the palace until he came into a chamber
Ele caminhou pelo palácio até entrar em uma câmara
a chamber which had an exceeding good bed in it
um quarto que tinha uma cama muito boa
he was very much fatigued from his ordeal
ele estava muito cansado de sua provação

and the time was already past midnight
e a hora já passava da meia-noite
so he decided it was best to shut the door
Então ele decidiu que era melhor fechar a porta
and he concluded he should go to bed
e ele concluiu que deveria ir para a cama
It was ten in the morning when the merchant woke up
Eram dez da manhã quando o comerciante acordou
just as he was going to rise he saw something
Assim que ele ia se levantar, ele viu algo
he was astonished to see a clean set of clothes
Ele ficou surpreso ao ver um conjunto de roupas limpas
in the place where he had left his dirty clothes
no lugar onde ele havia deixado suas roupas sujas
"certainly this palace belongs to some kind fairy"
"Certamente este palácio pertence a algum tipo de fada"
"a fairy who has seen and pitied me"
"uma fada que viu e teve pena de mim"
he looked through a window
Ele olhou por uma janela
but instead of snow he saw the most delightful garden
mas em vez de neve ele viu o jardim mais delicioso
and in the garden were the most beautiful roses
e no jardim estavam as rosas mais bonitas
he then returned to the great hall
Ele então voltou para o grande salão
the hall where he had had soup the night before
o salão onde ele havia tomado sopa na noite anterior
and he found some chocolate on a little table
e ele encontrou um pouco de chocolate em uma pequena mesa
"Thank you, good Madam Fairy," he said aloud
"Obrigado, boa Madame Fada", disse ele em voz alta
"thank you for being so caring"
"Obrigado por ser tão atencioso"
"I am extremely obliged to you for all your favours"
"Estou extremamente grato a você por todos os seus favores"

the kind man drank his chocolate
o homem gentil bebeu seu chocolate
and then he went to look for his horse
e então ele foi procurar seu cavalo
but in the garden he remembered Beauty's request
mas no jardim ele se lembrou do pedido da Bela
and he cut off a branch of roses
e cortou um ramo de rosas
immediately he heard a great noise
imediatamente ele ouviu um grande barulho
and he saw a terribly frightful Beast
e ele viu uma besta terrivelmente assustadora
he was so scared that he was ready to faint
ele estava com tanto medo que estava prestes a desmaiar
"You are very ungrateful," said the Beast to him
"Você é muito ingrato", disse a Besta para ele
and the Beast spoke in a terrible voice
e a Besta falou com uma voz terrível
"I have saved your life by allowing you into my castle"
"Eu salvei sua vida permitindo que você entrasse no meu castelo"
"and for this you steal my roses in return?"
"e por isso você rouba minhas rosas em troca?"
"The roses which I value beyond anything"
"As rosas que eu valorizo além de tudo"
"but you shall die for what you've done"
"mas você morrerá pelo que fez"
"I give you but a quarter of an hour to prepare yourself"
"Eu lhe dou apenas um quarto de hora para se preparar"
"get yourself ready for death and say your prayers"
"Prepare-se para a morte e faça suas orações"
the merchant fell on his knees
O comerciante caiu de joelhos
and he lifted up both his hands
e ele levantou as duas mãos
"My lord, I beseech you to forgive me"

"Meu senhor, eu te imploro que me perdoes"
"I had no intention of offending you"
"Eu não tinha intenção de ofendê-lo"
"I gathered a rose for one of my daughters"
"Colhi uma rosa para uma das minhas filhas"
"she asked me to bring her a rose"
"Ela me pediu para trazer uma rosa para ela"
"I am not your lord, but I am a Beast," replied the monster
"Eu não sou seu senhor, mas sou uma Besta", respondeu o monstro
"I don't love compliments"
"Eu não amo elogios"
"I like people who speak as they think"
"Gosto de pessoas que falam como pensam"
"do not imagine I can be moved by flattery"
"não imagine que posso ser movido pela lisonja"
"But you say you have got daughters"
"Mas você diz que tem filhas"
"I will forgive you on one condition"
"Eu vou te perdoar com uma condição"
"one of your daughters must come to my palace willingly"
"Uma de suas filhas deve vir ao meu palácio de bom grado"
"and she must suffer for you"
"e ela deve sofrer por você"
"Let me have your word"
"Deixe-me ter sua palavra"
"and then you can go about your business"
"E então você pode cuidar de seus negócios"
"Promise me this:"
"Prometa-me isso:"
"if your daughter refuses to die for you, you must return within three months"
"Se sua filha se recusar a morrer por você, você deve retornar dentro de três meses"
the merchant had no intentions to sacrifice his daughters
O comerciante não tinha intenção de sacrificar suas filhas

but, since he was given time, he wanted to see his daughters once more
mas, como lhe foi dado tempo, ele queria ver suas filhas mais uma vez
so he promised he would return
Então ele prometeu que voltaria
and the Beast told him he might set out when he pleased
e a Besta disse-lhe que ele poderia partir quando quisesse
and the Beast told him one more thing
e a Besta disse-lhe mais uma coisa
"you shall not depart empty handed"
"Não partirás de mãos vazias"
"go back to the room where you lay"
"Volte para o quarto onde você se deitou"
"you will see a great empty treasure chest"
"Você verá um grande baú de tesouro vazio"
"fill the treasure chest with whatever you like best"
"Encha o baú do tesouro com o que você mais gosta"
"and I will send the treasure chest to your home"
"e enviarei o baú do tesouro para sua casa"
and at the same time the Beast withdrew
e ao mesmo tempo a Besta se retirou
"Well," said the good man to himself
"Bem", disse o bom homem para si mesmo
"if I must die, I shall at least leave something to my children"
"se eu tiver que morrer, pelo menos deixarei algo para meus filhos"
so he returned to the bedchamber
então ele voltou para o quarto de dormir
and he found a great many pieces of gold
e ele encontrou muitas moedas de ouro
he filled the treasure chest the Beast had mentioned
ele encheu o baú do tesouro que a Besta havia mencionado
and he took his horse out of the stable
e ele tirou seu cavalo do estábulo

the joy he felt when entering the palace was now equal to the grief he felt leaving it
A alegria que sentiu ao entrar no palácio era agora igual à dor que sentiu ao deixá-lo
the horse took one of the roads of the forest
O cavalo pegou uma das estradas da floresta
and in a few hours the good man was home
e em poucas horas o bom homem estava em casa
his children came to him
seus filhos vieram até ele
but instead of receiving their embraces with pleasure, he looked at them
mas em vez de receber seus abraços com prazer, ele olhou para eles
he held up the branch he had in his hands
ele ergueu o galho que tinha nas mãos
and then he burst into tears
e então ele começou a chorar
"Beauty," he said, "please take these roses"
"Beleza", disse ele, "por favor, pegue essas rosas"
"you can't know how costly these roses have been"
"Você não pode saber o quão caras essas rosas foram"
"these roses have cost your father his life"
"essas rosas custaram a vida de seu pai"
and then he told of his fatal adventure
e então ele contou sobre sua aventura fatal
immediately the two eldest sisters cried out
Imediatamente as duas irmãs mais velhas gritaram
and they said many mean things to their beautiful sister
e eles disseram muitas coisas ruins para sua linda irmã
but Beauty did not cry at all
mas a Bela não chorou nada
"Look at the pride of that little wretch," said they
"Olhe para o orgulho daquele desgraçado", disseram eles
"she did not ask for fine clothes"
"Ela não pediu roupas finas"

"she should have done what we did"
"Ela deveria ter feito o que fizemos"
"she wanted to distinguish herself"
"Ela queria se distinguir"
"so now she will be the death of our father"
"Então agora ela será a morte de nosso pai"
"and yet she does not shed a tear"
"e ainda assim ela não derrama uma lágrima"
"Why should I cry?" answered Beauty
"Por que eu deveria chorar?" respondeu Bela
"crying would be very needless"
"chorar seria muito desnecessário"
"my father will not suffer for me"
"Meu pai não sofrerá por mim"
"the monster will accept of one of his daughters"
"O monstro aceitará uma de suas filhas"
"I will offer myself up to all his fury"
"Oferecer-me-ei a toda a sua fúria"
"I am very happy, because my death will save my father's life"
"Estou muito feliz, porque minha morte salvará a vida de meu pai"
"my death will be a proof of my love"
"Minha morte será uma prova do meu amor"
"No, sister," said her three brothers
"Não, irmã", disseram seus três irmãos
"that shall not be"
"isso não será"
"we will go find the monster"
"Vamos encontrar o monstro"
"and either we will kill him..."
"e ou vamos matá-lo..."
"... or we will perish in the attempt"
"... ou pereceremos na tentativa"
"Do not imagine any such thing, my sons," said the merchant
"Não imaginem tal coisa, meus filhos", disse o comerciante

"**the Beast's power is so great that I have no hope you could overcome him**"
"O poder da Besta é tão grande que não tenho esperança de que você possa vencê-lo"
"**I am charmed with Beauty's kind and generous offer**"
"Estou encantado com a oferta gentil e generosa da Beauty"
"**but I cannot accept to her generosity**"
"mas não posso aceitar a generosidade dela"
"**I am old, and I don't have long to live**"
"Estou velho e não tenho muito tempo de vida"
"**so I can only loose a few years**"
"então só posso perder alguns anos"
"**time which I regret for you, my dear children**"
"tempo que lamento por vocês, meus queridos filhos"
"**But father,**" said Beauty
"Mas pai", disse Bela
"**you shall not go to the palace without me**"
"Você não deve ir ao palácio sem mim"
"**you cannot stop me from following you**"
"Você não pode me impedir de segui-lo"
nothing could convince Beauty otherwise
nada poderia convencer a Bela do contrário
she insisted on going to the fine palace
ela insistiu em ir ao belo palácio
and her sisters were delighted at her insistence
e suas irmãs ficaram encantadas com sua insistência
The merchant was worried at the thought of losing his daughter
O comerciante estava preocupado com a ideia de perder sua filha
he was so worried that he had forgotten about the chest full of gold
Ele estava tão preocupado que havia esquecido o baú cheio de ouro
at night he retired to rest, and he shut his chamber door
à noite, ele se retirava para descansar e fechava a porta do

quarto

then, to his great astonishment, he found the treasure by his bedside
então, para seu grande espanto, ele encontrou o tesouro ao lado de sua cama

he was determined not to tell his children
ele estava determinado a não contar a seus filhos

if they knew, they would have wanted to return to town
se soubessem, gostariam de voltar para a cidade

and he was resolved not to leave the countryside
e ele estava resolvido a não deixar o campo

but he trusted Beauty with the secret
mas ele confiou a Bela com o segredo

she informed him that two gentlemen had came
ela o informou que dois cavalheiros haviam chegado

and they made proposals to her sisters
e eles fizeram propostas para suas irmãs

she begged her father to consent to their marriage
ela implorou ao pai que consentisse com o casamento

and she asked him to give them some of his fortune
e ela pediu que ele lhes desse um pouco de sua fortuna

she had already forgiven them
ela já os havia perdoado

the wicked creatures rubbed their eyes with onions
as criaturas perversas esfregaram os olhos com cebolas

to force some tears when they parted with their sister
para forçar algumas lágrimas quando se separaram de sua irmã

but her brothers really were concerned
mas seus irmãos realmente estavam preocupados

Beauty was the only one who did not shed any tears
A beleza foi a única que não derramou lágrimas

she did not want to increase their uneasiness
ela não queria aumentar sua inquietação

the horse took the direct road to the palace
O cavalo pegou a estrada direta para o palácio

and towards evening they saw the illuminated palace
e ao anoitecer eles viram o palácio iluminado
the horse took himself into the stable again
o cavalo voltou para o estábulo
and the good man and his daughter went into the great hall
e o bom homem e sua filha entraram no grande salão
here they found a table splendidly served up
Aqui eles encontraram uma mesa esplendidamente servida
the merchant had no appetite to eat
o comerciante não tinha apetite para comer
but Beauty endeavoured to appear cheerful
mas a Bela se esforçou para parecer alegre
she sat down at the table and helped her father
Ela se sentou à mesa e ajudou o pai
but she also thought to herself:
mas ela também pensou consigo mesma:
"Beast surely wants to fatten me before he eats me"
"A Besta certamente quer me engordar antes de me comer"
"that is why he provides such plentiful entertainment"
"É por isso que ele oferece entretenimento tão abundante"
after they had eaten they heard a great noise
Depois de comerem, ouviram um grande barulho
and the merchant bid his unfortunate child farewell, with tears in his eyes
e o comerciante se despediu de seu infeliz filho, com lágrimas nos olhos
because he knew the Beast was coming
porque ele sabia que a Besta estava chegando
Beauty was terrified at his horrid form
Bela estava apavorada com sua forma horrível
but she took courage as well as she could
mas ela tomou coragem o melhor que pôde
and the monster asked her if she came willingly
e o monstro perguntou se ela vinha de bom grado
"yes, I have come willingly," she said trembling
"Sim, eu vim de bom grado", disse ela tremendo

the Beast responded, "You are very good"
a Besta respondeu: "Você é muito bom"
"and I am greatly obliged to you; honest man"
"e estou muito grato a você; homem honesto"
"go your ways tomorrow morning"
"Segue os teus caminhos amanhã de manhã"
"but never think of coming here again"
"mas nunca pense em vir aqui novamente"
"Farewell Beauty, farewell Beast," he answered
"Adeus Bela, adeus Fera", respondeu ele
and immediately the monster withdrew
e imediatamente o monstro se retirou
"Oh, daughter," said the merchant
"Oh, filha", disse o comerciante
and he embraced his daughter once more
e ele abraçou sua filha mais uma vez
"I am almost frightened to death"
"Estou quase morrendo de medo"
"believe me, you had better go back"
"Acredite em mim, é melhor você voltar"
"let me stay here, instead of you"
"Deixe-me ficar aqui, em vez de você"
"No, father," said Beauty, in a resolute tone
"Não, pai", disse Bela, em tom resoluto
"you shall set out tomorrow morning"
"você deve partir amanhã de manhã"
"leave me to the care and protection of providence"
"Deixe-me aos cuidados e proteção da Providência"
nonetheless they went to bed
no entanto, eles foram para a cama
they thought they would not close their eyes all night
eles pensaram que não fechariam os olhos a noite toda
but just as they lay down they slept
mas assim que se deitaram, dormiram
Beauty dreamed a fine lady came and said to her:
A Bela sonhou que uma bela dama veio e disse a ela:

"I am content, Beauty, with your good will"
"Estou contente, Bela, com sua boa vontade"
"this good action of yours shall not go unrewarded"
"Esta sua boa ação não ficará sem recompensa"
Beauty waked and told her father her dream
Bela acordou e contou ao pai seu sonho
the dream helped to comfort him a little
o sonho ajudou a confortá-lo um pouco
but he could not help crying bitterly as he was leaving
mas ele não pôde deixar de chorar amargamente enquanto estava saindo
as soon as he was gone, Beauty sat down in the great hall and cried too
assim que ele se foi, Bela sentou-se no grande salão e chorou também
but she resolved not to be uneasy
mas ela resolveu não ficar inquieta
she decided to be strong for the little time she had left to live
Ela decidiu ser forte pelo pouco tempo que lhe restava de vida
because she firmly believed the Beast would eat her
porque ela acreditava firmemente que a Besta iria comê-la
however, she thought she might as well explore the palace
no entanto, ela pensou que poderia muito bem explorar o palácio
and she wanted to view the fine castle
e ela queria ver o belo castelo
a castle which she could not help admiring
um castelo que ela não podia deixar de admirar
it was a delightfully pleasant palace
era um palácio deliciosamente agradável
and she was extremely surprised at seeing a door
e ela ficou extremamente surpresa ao ver uma porta
and over the door was written that it was her room
e sobre a porta estava escrito que era o quarto dela
she opened the door hastily
Ela abriu a porta apressadamente

and she was quite dazzled with the magnificence of the room
e ela estava bastante deslumbrada com a magnificência da sala
what chiefly took up her attention was a large library
O que mais chamou sua atenção foi uma grande biblioteca
a harpsichord and several music books
um cravo e vários livros de música
"Well," said she to herself
"Bem", disse ela para si mesma
"I see the Beast will not let my time hang heavy"
"Vejo que a Besta não vai deixar meu tempo pesado"
then she reflected to herself about her situation
Então ela refletiu para si mesma sobre sua situação
"If I was meant to stay a day all this would not be here"
"Se eu fosse ficar um dia, tudo isso não estaria aqui"
this consideration inspired her with fresh courage
Essa consideração a inspirou com nova coragem
and she took a book from her new library
e ela pegou um livro de sua nova biblioteca
and she read these words in golden letters:
e ela leu estas palavras em letras douradas:
"Welcome Beauty, banish fear"
"Bem-vinda Beleza, banir o medo"
"You are queen and mistress here"
"Você é rainha e senhora aqui"
"Speak your wishes, speak your will"
"Fale seus desejos, fale sua vontade"
"Swift obedience meets your wishes here"
"A obediência rápida atende aos seus desejos aqui"
"Alas," said she, with a sigh
"Ai de mim", disse ela, com um suspiro
"Most of all I wish to see my poor father"
"Acima de tudo, desejo ver meu pobre pai"
"and I would like to know what he is doing"
"e eu gostaria de saber o que ele está fazendo"
As soon as she had said this she noticed the mirror

Assim que ela disse isso, ela notou o espelho
to her great amazement she saw her own home in the mirror
Para seu grande espanto, ela viu sua própria casa no espelho
her father arrived emotionally exhausted
seu pai chegou emocionalmente exausto
her sisters went to meet him
suas irmãs foram encontrá-lo
despite their attempts to appear sorrowful, their joy was visible
Apesar de suas tentativas de parecer tristes, sua alegria era visível
a moment later everything disappeared
Um momento depois, tudo desapareceu
and Beauty's apprehensions disappeared too
e as apreensões da Bela também desapareceram
for she knew she could trust the Beast
pois ela sabia que podia confiar na Besta
At noon she found dinner ready
Ao meio-dia, ela encontrou o jantar pronto
she sat herself down at the table
ela se sentou à mesa
and she was entertained with a concert of music
e ela foi entretida com um concerto de música
although she couldn't see anybody
embora ela não pudesse ver ninguém
at night she sat down for supper again
à noite, ela se sentou para jantar novamente
this time she heard the noise the Beast made
desta vez ela ouviu o barulho que a Besta fez
and she could not help being terrified
e ela não pôde deixar de ficar apavorada
"Beauty," said the monster
"Beleza", disse o monstro
"do you allow me to eat with you?"
"Você me permite comer com você?"
"do as you please," Beauty answered trembling

"Faça o que quiser", respondeu a Bela trêmula
"No," replied the Beast
"Não", respondeu a Besta
"you alone are mistress here"
"Só você é senhora aqui"
"you can send me away if I'm troublesome"
"você pode me mandar embora se eu for problemático"
"send me away and I will immediately withdraw"
"mande-me embora e eu me retirarei imediatamente"
"But, tell me; do you not think I am very ugly?"
"Mas, diga-me; você não acha que sou muito feio?"
"That is true," said Beauty
"Isso é verdade", disse Bela
"I cannot tell a lie"
"Eu não posso mentir"
"but I believe you are very good natured"
"mas eu acredito que você é muito bem-humorado"
"I am indeed," said the monster
"Eu sou de fato", disse o monstro
"But apart from my ugliness, I also have no sense"
"Mas, além da minha feiura, também não tenho juízo"
"I know very well that I am a silly creature"
"Eu sei muito bem que sou uma criatura boba"
"It is no sign of folly to think so," replied Beauty
"Não é sinal de loucura pensar assim", respondeu Bela
"Eat then, Beauty," said the monster
"Coma então, Bela", disse o monstro
"try to amuse yourself in your palace"
"Tente se divertir em seu palácio"
"everything here is yours"
"tudo aqui é seu"
"and I would be very uneasy if you were not happy"
"e eu ficaria muito inquieto se você não fosse feliz"
"You are very obliging," answered Beauty
"Você é muito prestativa", respondeu Bela
"I admit I am pleased with your kindness"

"Admito que estou satisfeito com sua gentileza"
"and when I consider your kindness, I hardly notice your deformities"
"e quando considero sua bondade, mal noto suas deformidades"
"Yes, yes," said the Beast, "my heart is good
"Sim, sim", disse a Besta, "meu coração é bom
"but although I am good, I am still a monster"
"mas embora eu seja bom, ainda sou um monstro"
"There are many men that deserve that name more than you"
"Há muitos homens que merecem esse nome mais do que você"
"and I prefer you just as you are"
"e eu prefiro você do jeito que você é"
"and I prefer you more than those who hide an ungrateful heart"
"e eu prefiro você mais do que aqueles que escondem um coração ingrato"
"if only I had some sense," replied the Beast
"se eu tivesse algum bom senso", respondeu a Besta
"if I had sense I would make a fine compliment to thank you"
"se eu tivesse bom senso, faria um belo elogio para agradecer"
"but I am so dull"
"mas eu sou tão chato"
"I can only say I am greatly obliged to you"
"Só posso dizer que sou muito grato a você"
Beauty ate a hearty supper
A beleza comeu um jantar farto
and she had almost conquered her dread of the monster
e ela quase venceu seu pavor do monstro
but she wanted to faint when the Beast asked her the next question
mas ela queria desmaiar quando a Besta lhe fez a próxima pergunta
"Beauty, will you be my wife?"

"Bela, você quer ser minha esposa?"
she took some time before she could answer
ela demorou algum tempo antes que pudesse responder
because she was afraid of making him angry
porque ela tinha medo de deixá-lo com raiva
at last, however, she said "no, Beast"
por fim, porém, ela disse "não, Fera"
immediately the poor monster hissed very frightfully
Imediatamente o pobre monstro sibilou muito assustadoramente
and the whole palace echoed
e todo o palácio ecoou
but Beauty soon recovered from her fright
mas Bela logo se recuperou de seu susto
because Beast spoke again in a mournful voice
porque a Fera falou novamente com uma voz triste
"then farewell, Beauty"
"então adeus, Bela".
and he only turned back now and then
e ele só voltava de vez em quando
to look at her as he went out
olhar para ela enquanto ele saía
now Beauty was alone again
agora a Bela estava sozinha novamente
she felt a great deal of compassion
ela sentiu muita compaixão
"Alas, it is a thousand pities"
"Infelizmente, é mil penas"
"anything so good natured should not be so ugly"
"Qualquer coisa tão bem-humorada não deve ser tão feia"
Beauty spent three months very contentedly in the palace
Bela passou três meses muito contente no palácio
every evening the Beast paid her a visit
todas as noites a Besta a visitava
and they talked during supper
e eles conversaram durante o jantar

they talked with common sense
eles falaram com bom senso
but they didn't talk with what people call wittiness
mas eles não falavam com o que as pessoas chamam de espirituosidade
Beauty always discovered some valuable character in the Beast
A Bela sempre descobria algum personagem valioso na Fera
and she had gotten used to his deformity
e ela se acostumou com sua deformidade
she didn't dread the time of his visit anymore
ela não temia mais a hora de sua visita
now she often looked at her watch
agora ela costumava olhar para o relógio
and she couldn't wait for it to be nine o'clock
e ela mal podia esperar que fossem nove horas
because the Beast never missed coming at that hour
porque a Besta nunca deixou de vir àquela hora
there was only one thing that concerned Beauty
havia apenas uma coisa que preocupava a Beleza
every night before she went to bed the Beast asked her the same question
todas as noites, antes de ir para a cama, a Besta fazia a mesma pergunta
the monster asked her if she would be his wife
O monstro perguntou se ela seria sua esposa
one day she said to him, "Beast, you make me very uneasy"
um dia ela disse a ele: "Fera, você me deixa muito inquieto"
"I wish I could consent to marry you"
"Eu gostaria de poder consentir em me casar com você"
"but I am too sincere to make you believe I would marry you"
"mas sou sincero demais para fazer você acreditar que eu me casaria com você"
"our marriage will never happen"
"Nosso casamento nunca vai acontecer"

"I shall always see you as a friend"
"Sempre o verei como um amigo"
"please try to be satisfied with this"
"Por favor, tente ficar satisfeito com isso"
"I must be satisfied with this," said the Beast
"Devo estar satisfeito com isso", disse a Besta
"I know my own misfortune"
"Eu conheço meu próprio infortúnio"
"but I love you with the tenderest affection"
"mas eu te amo com o mais terno carinho"
"However, I ought to consider myself as happy"
"No entanto, devo me considerar tão feliz"
"and I should be happy that you will stay here"
"e eu ficaria feliz por você ficar aqui"
"promise me never to leave me"
"Prometa-me nunca me deixar"
Beauty blushed at these words
A beleza corou com essas palavras
one day Beauty was looking in her mirror
um dia a Bela estava se olhando no espelho
her father had worried himself sick for her
seu pai se preocupou muito com ela
she longed to see him again more than ever
ela ansiava por vê-lo novamente mais do que nunca
"I could promise never to leave you entirely"
"Eu poderia prometer nunca deixá-lo completamente"
"but I have so great a desire to see my father"
"mas tenho um desejo tão grande de ver meu pai"
"I would be impossibly upset if you say no"
"Eu ficaria incrivelmente chateado se você dissesse não"
"I had rather die myself," said the monster
"Eu prefiro morrer", disse o monstro
"I would rather die than make you feel uneasiness"
"Prefiro morrer a fazer você sentir mal-estar"
"I will send you to your father"
"Vou mandá-lo para seu pai"

"you shall remain with him"
"você deve permanecer com ele"
"and this unfortunate Beast will die with grief instead"
"e esta infeliz Besta morrerá de tristeza em vez disso"
"No," said Beauty, weeping
"Não", disse Bela, chorando
"I love you too much to be the cause of your death"
"Eu te amo demais para ser a causa de sua morte"
"I give you my promise to return in a week"
"Eu te prometo voltar em uma semana"
"You have shown me that my sisters are married"
"Você me mostrou que minhas irmãs são casadas"
"and my brothers have gone to the army"
"e meus irmãos foram para o exército"
"let me stay a week with my father, as he is alone"
"Deixe-me ficar uma semana com meu pai, pois ele está sozinho"
"You shall be there tomorrow morning," said the Beast
"Você estará lá amanhã de manhã", disse a Besta
"but remember your promise"
"mas lembre-se da sua promessa"
"You need only lay your ring on a table before you go to bed"
"Você só precisa colocar seu anel em uma mesa antes de ir para a cama"
"and then you will be brought back before the morning"
"e então você será trazido de volta antes da manhã"
"Farewell dear Beauty," sighed the Beast
"Adeus, querida Bela", suspirou a Fera
Beauty went to bed very sad that night
Beauty foi para a cama muito triste naquela noite
because she didn't want to see Beast so worried
porque ela não queria ver a Fera tão preocupada
the next morning she found herself at her father's home
Na manhã seguinte, ela se viu na casa de seu pai
she rung a little bell by her bedside

ela tocou um pequeno sino ao lado da cama
and the maid gave a loud shriek
e a empregada deu um grito alto
and her father ran upstairs
e seu pai correu escada acima
he thought he was going to die with joy
ele pensou que ia morrer de alegria
he held her in his arms for quarter of an hour
ele a segurou em seus braços por um quarto de hora
eventually the first greetings were over
eventualmente, as primeiras saudações terminaram
Beauty began to think of getting out of bed
Beauty começou a pensar em sair da cama
but she realized she had brought no clothes
mas ela percebeu que não havia trazido roupas
but the maid told her she had found a box
mas a empregada disse que havia encontrado uma caixa
the large trunk was full of gowns and dresses
o grande baú estava cheio de vestidos e vestidos
each gown was covered with gold and diamonds
Cada vestido era coberto com ouro e diamantes
Beauty thanked Beast for his kind care
Bela agradeceu a Fera por seu cuidado gentil
and she took one of the plainest of the dresses
e ela pegou um dos vestidos mais simples
she intended to give the other dresses to her sisters
ela pretendia dar os outros vestidos para suas irmãs
but at that thought the chest of clothes disappeared
mas com esse pensamento o baú de roupas desapareceu
Beast had insisted the clothes were for her only
A Fera insistiu que as roupas eram apenas para ela
her father told her that this was the case
seu pai disse a ela que esse era o caso
and immediately the trunk of clothes came back again
e imediatamente o baú de roupas voltou novamente
Beauty dressed herself with her new clothes

Bela se vestiu com suas roupas novas
and in the meantime maids went to find her sisters
e, enquanto isso, as empregadas foram encontrar suas irmãs
both her sister were with their husbands
ambas as irmãs estavam com seus maridos
but both her sisters were very unhappy
mas suas duas irmãs estavam muito infelizes
her eldest sister had married a very handsome gentleman
sua irmã mais velha havia se casado com um cavalheiro muito bonito
but he was so fond of himself that he neglected his wife
mas ele gostava tanto de si mesmo que negligenciou sua esposa
her second sister had married a witty man
sua segunda irmã havia se casado com um homem espirituoso
but he used his wittiness to torment people
mas ele usou sua inteligência para atormentar as pessoas
and he tormented his wife most of all
e ele atormentou sua esposa acima de tudo
Beauty's sisters saw her dressed like a princess
As irmãs de Bela a viram vestida como uma princesa
and they were sickened with envy
e adoeceram de inveja
now she was more beautiful than ever
agora ela estava mais bonita do que nunca
her affectionate behaviour could not stifle their jealousy
seu comportamento afetuoso não conseguia sufocar o ciúme deles
she told them how happy she was with the Beast
ela disse a eles como estava feliz com a Fera
and their jealousy was ready to burst
e seu ciúme estava prestes a explodir
They went down into the garden to cry about their misfortune
Eles desceram ao jardim para chorar por seu infortúnio
"In what way is this little creature better than us?"

"De que maneira esta pequena criatura é melhor do que nós?"
"Why should she be so much happier?"
"Por que ela deveria ser muito mais feliz?"
"Sister," said the older sister
"Irmã", disse a irmã mais velha
"a thought just struck my mind"
"Um pensamento acabou de me vir à mente"
"let us try to keep her here for more than a week"
"Vamos tentar mantê-la aqui por mais de uma semana"
"perhaps this will enrage the silly monster"
"Talvez isso enfureça o monstro bobo"
"because she would have broken her word"
"Porque ela teria quebrado sua palavra"
"and then he might devour her"
"e então ele pode devorá-la"
"that's a great idea," answered the other sister
"Essa é uma ótima ideia", respondeu a outra irmã
"we must show her as much kindness as possible"
"devemos mostrar a ela o máximo de bondade possível"
the sisters made this their resolution
As irmãs fizeram disso sua resolução
and they behaved very affectionately to their sister
e eles se comportaram muito afetuosamente com sua irmã
poor Beauty wept for joy from all their kindness
a pobre Bela chorou de alegria por toda a sua bondade
when the week was expired, they cried and tore their hair
Quando a semana terminou, eles choraram e arrancaram os cabelos
they seemed so sorry to part with her
eles pareciam tão tristes por se separar dela
and Beauty promised to stay a week longer
e Beauty prometeu ficar mais uma semana
In the meantime, Beauty could not help reflecting on herself
Nesse ínterim, Bela não pôde deixar de refletir sobre si mesma
she worried what she was doing to poor Beast
ela se preocupou com o que estava fazendo com a pobre Fera

she know that she sincerely loved him
ela sabia que o amava sinceramente
and she really longed to see him again
e ela realmente ansiava por vê-lo novamente
the tenth night she spent at her father's too
a décima noite ela passou na casa de seu pai também
she dreamed she was in the palace garden
Ela sonhou que estava no jardim do palácio
and she dreamt she saw the Beast extended on the grass
e ela sonhou que viu a Besta estendida na grama
he seemed to reproach her in a dying voice
ele parecia censurá-la com uma voz moribunda
and he accused her of ingratitude
e ele a acusou de ingratidão
Beauty woke up from her sleep
A beleza acordou de seu sono
and she burst into tears
e ela começou a chorar
"Am I not very wicked?"
"Não sou muito perverso?"
"Was it not cruel of me to act so unkindly to the Beast?"
"Não foi cruel da minha parte agir tão cruelmente com a Besta?"
"Beast did everything to please me"
"A Fera fez de tudo para me agradar"
"Is it his fault that he is so ugly?"
"É culpa dele que ele seja tão feio?"
"Is it his fault that he has so little wit?"
"É culpa dele que ele tenha tão pouca inteligência?"
"He is kind and good, and that is sufficient"
"Ele é gentil e bom, e isso é suficiente"
"Why did I refuse to marry him?"
"Por que me recusei a me casar com ele?"
"I should be happy with the monster"
"Eu deveria estar feliz com o monstro"
"look at the husbands of my sisters"

"Olhe para os maridos de minhas irmãs"
"neither wittiness, nor a being handsome makes them good"
"nem a inteligência, nem um ser bonito os torna bons"
"neither of their husbands makes them happy"
"Nenhum de seus maridos os faz felizes"
"but virtue, sweetness of temper, and patience"
"mas virtude, doçura de temperamento e paciência"
"these things make a woman happy"
"Essas coisas fazem uma mulher feliz"
"and the Beast has all these valuable qualities"
"e a Besta tem todas essas qualidades valiosas"
"it is true; I do not feel the tenderness of affection for him"
"É verdade; Não sinto a ternura do carinho por ele"
"but I find I have the highest gratitude for him"
"mas acho que tenho a maior gratidão por ele"
"and I have the highest esteem of him"
"e eu tenho a mais alta estima por ele"
"and he is my best friend"
"E ele é meu melhor amigo"
"I will not make him miserable"
"Eu não vou torná-lo miserável"
"If were I to be so ungrateful I would never forgive myself"
"Se eu fosse tão ingrata, nunca me perdoaria"
Beauty put her ring on the table
Bela colocou seu anel na mesa
and she went to bed again
e ela foi para a cama novamente
scarce was she in bed before she fell asleep
mal estava na cama antes de adormecer
she woke up again the next morning
Ela acordou novamente na manhã seguinte
and she was overjoyed to find herself in the Beast's palace
e ela ficou muito feliz ao se encontrar no palácio da Besta
she put on one of her nicest dress to please him
ela colocou um de seus vestidos mais bonitos para agradá-lo
and she patiently waited for evening

e ela esperou pacientemente pela noite
at last the wished-for hour came
finalmente chegou a hora desejada
the clock struck nine, yet no Beast appeared
o relógio bateu nove, mas nenhuma Besta apareceu
Beauty then feared she had been the cause of his death
Bela então temeu que ela tivesse sido a causa de sua morte
she ran crying all around the palace
Ela correu chorando por todo o palácio
after having sought for him everywhere, she remembered her dream
Depois de tê-lo procurado em todos os lugares, ela se lembrou de seu sonho
and she ran to the canal in the garden
e ela correu para o canal no jardim
there she found poor Beast stretched out
lá ela encontrou a pobre Besta estendida
and she was sure she had killed him
e ela tinha certeza de que o havia matado
she threw herself upon him without any dread
ela se jogou sobre ele sem nenhum pavor
his heart was still beating
seu coração ainda estava batendo
she fetched some water from the canal
ela buscou um pouco de água no canal
and she poured the water on his head
e ela derramou a água em sua cabeça
the Beast opened his eyes and spoke to Beauty
a Fera abriu os olhos e falou com a Bela
"You forgot your promise"
"Você esqueceu sua promessa"
"I was so heartbroken to have lost you"
"Eu estava com o coração partido por ter perdido você"
"I resolved to starve myself"
"Resolvi morrer de fome"
"but I have the happiness of seeing you once more"

"mas tenho a felicidade de vê-lo mais uma vez"
"so I have the pleasure of dying satisfied"
"então tenho o prazer de morrer satisfeito"
"No, dear Beast," said Beauty, "you must not die"
"Não, querida Fera", disse Bela, "você não deve morrer"
"Live to be my husband"
"Viva para ser meu marido"
"from this moment I give you my hand"
"a partir deste momento eu te dou minha mão"
"and I swear to be none but yours"
"e eu juro não ser ninguém além de seu"
"Alas! I thought I had only a friendship for you"
"Ai de mim! Eu pensei que tinha apenas uma amizade por você"
"but the grief I now feel convinces me;"
"mas a dor que agora sinto me convence;"
"I cannot live without you"
"Eu não posso viver sem você"
Beauty scarce had said these words when she saw a light
A beleza mal havia dito essas palavras quando viu uma luz
the palace sparkled with light
O palácio brilhava com luz
fireworks lit up the sky
fogos de artifício iluminaram o céu
and the air filled with music
e o ar cheio de música
everything gave notice of some great event
tudo dava a conhecer algum grande acontecimento
but nothing could hold her attention
mas nada poderia prender sua atenção
she turned to her dear Beast
ela se virou para sua querida Besta
the Beast for whom she trembled with fear
a Besta por quem ela tremia de medo
but her surprise was great at what she saw!
mas sua surpresa foi grande com o que viu!

the Beast had disappeared
a Besta havia desaparecido
instead she saw the loveliest prince
em vez disso, ela viu o príncipe mais adorável
she had put an end to the spell
ela havia acabado com o feitiço
a spell under which he resembled a Beast
um feitiço sob o qual ele se assemelhava a uma Besta
this prince was worthy of all her attention
Este príncipe era digno de toda a sua atenção
but she could not help but ask where the Beast was
mas ela não pôde deixar de perguntar onde estava a Besta
"You see him at your feet," said the prince
"Você o vê a seus pés", disse o príncipe
"A wicked fairy had condemned me"
"Uma fada perversa me condenou"
"I was to remain in that shape until a beautiful princess agreed to marry me"
"Eu deveria permanecer nessa forma até que uma linda princesa concordasse em se casar comigo"
"the fairy hid my understanding"
"A fada escondeu meu entendimento"
"you were the only one generous enough to be charmed by the goodness of my temper"
"Você foi o único generoso o suficiente para se encantar com a bondade do meu temperamento"
Beauty was happily surprised
A bela ficou felizmente surpresa
and she gave the charming prince her hand
e ela deu a mão ao príncipe encantado
they went together into the castle
Eles foram juntos para o castelo
and Beauty was overjoyed to find her father in the castle
e Bela ficou muito feliz ao encontrar seu pai no castelo
and her whole family were there too
e toda a sua família também estava lá

even the beautiful lady that appeared in her dream was there
até a bela dama que apareceu em seu sonho estava lá
"Beauty," said the lady from the dream
"Beleza", disse a senhora do sonho
"come and receive your reward"
"Venha e receba sua recompensa"
"you have preferred virtue over wit or looks"
"você preferiu a virtude à inteligência ou à aparência"
"and you deserve someone in whom these qualities are united"
"e você merece alguém em quem essas qualidades estejam unidas"
"you are going to be a great queen"
"Você vai ser uma grande rainha"
"I hope the throne will not lessen your virtue"
"Espero que o trono não diminua sua virtude"
then the fairy turned to the two sisters
Então a fada se virou para as duas irmãs
"I have seen inside your hearts"
"Eu vi dentro de seus corações"
"and I know all the malice your hearts contain"
"e eu conheço toda a malícia que seus corações contêm"
"you two will become statues"
"vocês dois se tornarão estátuas"
"but you will keep your minds"
"mas vocês manterão suas mentes"
"you shall stand at the gates of your sister's palace"
"Você deve ficar nos portões do palácio de sua irmã"
"your sister's happiness shall be your punishment"
"A felicidade de sua irmã será seu castigo"
"you won't be able to return to your former states"
"Você não poderá retornar aos seus antigos estados"
"unless, you both admit your faults"
"A menos que vocês dois admitam suas falhas"
"but I am foresee that you will always remain statues"
"mas prevejo que vocês sempre permanecerão estátuas"

"pride, anger, gluttony, and idleness are sometimes conquered"
"orgulho, raiva, gula e ociosidade às vezes são vencidos"
"but the conversion of envious and malicious minds are miracles"
"mas a conversão de mentes invejosas e maliciosas são milagres"
immediately the fairy gave a stroke with her wand
Imediatamente a fada deu um golpe com sua varinha
and in a moment all that were in the hall were transported
e em um momento todos os que estavam no salão foram transportados
they had gone into the prince's dominions
eles haviam ido para os domínios do príncipe
the prince's subjects received him with joy
Os súditos do príncipe o receberam com alegria
the priest married Beauty and the Beast
o padre se casou com a Bela e a Fera
and he lived with her many years
e ele viveu com ela muitos anos
and their happiness was complete
e sua felicidade era completa
because their happiness was founded on virtue
porque sua felicidade foi fundada na virtude

The End
Fim

www.tranzlaty.com

www.ingramcontent.com/pod-product-compliance
Lightning Source LLC
Chambersburg PA
CBHW012011090526
44590CB00026B/3977